地域おこしを考える視点

矢作　弘

地方自治土曜講座ブックレットNo．８４

Ⅰ　地域資源を考える

1　戦後日本の地域開発政策

戦後の日本の地域開発、あるいは産業立地政策を考えると、基本的には「地方に誘致して地域経済がある」という形でずっときたのではないかと思います。

昭和30年代

産業政策的、あるいは地域開発的には、重厚長大型産業を誘致した昭和30年代半ば以降——高度成長の時期でしたが、結局、ばい煙型の公害型企業の誘致に奔走した時代でした。それらは装置産業でしたから、特に重厚長大型産業の場合は、必ずしも地元雇用とかにつながらなかった。したがって地域にとって誘致の利益があまりなく、むしろマイナス面が目立ちました。

昭和40年代

その次に40年代半ばぐらいに、農村工業導入法が出来ました。今度は、重厚長大型産業ではなく、電子部品関係を中心に工場の誘致を地方の方で熱心にするようになりました。企業の方も労賃が安いのが魅力でしたし、土地の安さ、あるいは環境基準が緩いというようなこともあったと思います。いずれにせよ、電子部品関係の企業が随分誘致されて地方に出て行く時代が続きました。

しかしご存じのように、円高時代以降、電子部品関係、あるいは機械の組み立て関係は、東南アジア、最近は、特に、中国の方にシフトするということが起きています。誘致工場が地元に必ずしもとどまってくれないという問題を引き起こしています。いわゆる「地域産業の空洞化」と言われる現象です。その意味で、地域経済の安定的な雇用というのは、工場誘致ではかならずしも実現されてこなかったということではないかと思います。

1980年代

その後80年半ば以降、特に固定資産税を中心とした税収増を期待するということで、大型ショッピングセンターの誘致が始まりました。商業施設ならば、地域経済に密着型ですから、逃げ出すこともないだろうという打算が働きました。ショッピングセンターの誘致が熱心に行なわれるようになりました。もちろん流通業界それ自体に、関東圏、近畿圏の市場が飽和状態に近くなって、それ故に、地方進出が必要になっていたという事情もあったと思います。「ショッピングセンターを誘致して地域振興、あるいは雇用の確保」ということが非常に熱心に行なわれてきたわけです。しかし、結果的には、特に郊外部に大きなショッピングセンターが出来ると、その影響を受けて中心市街地が空洞化するという状況が全国でみられるようになりました。

１９９０年代

９０年代半ば以降、地方都市中心市街地を取りまく状況は、ますます厳しいものになっています。また、デフレ経済、あるいは過当競争の中で、中心部だけではなくて、郊外部でも空洞化が課題になってきているのが最近の傾向です。郊外に出た大型店同士のバトル競争などの結果、古くなって、あるいは店舗規模が小さいショッピングセンターが相次いで店を閉めるということがすでに起きています。ですから地方都市の中心部だけではなくて、郊外部の空洞化ということがこれから心配されるわけです。

宇部市（山口県）の事例

今まで取材した中で最もひどいなと思ったのは、山口県宇部市です。石炭産業の町でした。宇部興業の企業城下町でしたが、その後、宇部興産はエンジニアリング関連の企業としてずっと生き残っている。ですから宇部興産自体はうまく産業転換できたのです。

ところが町は、今お話ししたように、９０年代半ば以降すっかり衰退してしまった。町の郊外部、あるいは隣の町に大きなショッピングセンターが多数できました。宇部市自体、人口１７万人ぐらいありますが、商圏人口は、およそ２５万人ぐらいあります。しかし、郊外に大型店がたくさん出た結果、町中の中心街にある商店街は２５％ぐらいの空き店舗率になっています。4店に1店ぐらいの割合で空き店舗がある。

問題が深刻なのは、大きな店が空いていることです。それはなぜかというと、商店は間口の広さに応じて町会費を払ったり、あるいは商店街の電気代などの諸経費を分担したりすることがあります。昔、間口の広さで税金の額が決まったのに似ています。大店は固定費が大きい。ですから商店街に通行人、通行量が落ちるとたちまち売り上げが落ちて、諸経費は一定ですから、損益分岐点が上がる。結局、大きな店から店を閉めることになるのです。大きな店は従業員を雇っていることも多く、それがたちまち商売の重荷になるということもあります。従って宇部の中心商店街の空き店舗率は２５～３０％ですが、小売店舗面積で換算すると空き店舗率が６０％を超えている。そうすると、日中でもほとんど人通りがないという状況になります。最近は二、三年に一度、放火があるという話を聞きました。

８０年代半ばにアメリカのオハイオ州にいました。その頃はちょうどアメリカ中西部の工業都市が日本との産業競争で苦汁をなめていた時代でした。自動車のデトロイトなどです。その時分、アメリカ中西部にある産業都市のインナーシティ（都心周縁部）にある建物がよく火災になっていました。オーナーが放火するのです。保険金目当てです。お客さんがこない、あるいはテナントが入らないのに建物を持ってても、固定資産税は払わなければいけない。それならば保険金をもらった方が経済的ということらしいのです。

あの頃、日本の産業都市がそこまで落ち込んで行くとはおよそ想像できませんでした。ところが実際のところ、宇部でも火を付けているのは家主ではないかという話が聞かれる。それほどひどいことになっています。商業の衰退は地域社会の衰退につながる、場合によると治安の悪化にもつながるというのは、まさに宇部が体験しているところです。

大店法の廃止とアメリカ

話は変わりますが、大規模小売店舗法（大店法）が廃止になって新しい法律（大規模小売店舗立地法）ができました。その契機になったのは９０年の日米構造協議の中間報告です。大店法は、グローバルスタンドに合わないということで、アメリカが日本に規制緩和、廃止の強い要求をし続けました。対米交渉で日本政府はいつも弱腰ですから、アメリカの要求をそっくり飲んで大店法は廃止されました。ところがアメリカ政府は常々、2枚舌です。アメリカは大変に分権の進んだ国です。例えばカリフォルニアにバークレーという町があります。カリフォルニア大学バークレー校があり、リベラルな町です。そこの地方政府が商店街を対象に条例で特定業種の総量規制をやっています。この商店街にたばこ小屋は何軒、八百屋は何軒というふうに。日米構造協議の論点から言えば、とんでもない経済的規制——競争制限の話です。

ところがワシントンの連邦政府は、バークレーに対してこの総量規制をやめろということは決して言わない。地方分権ですから、言えないのです。しかしそういうことは放っておいて、アメリカ政府は、日本の通産省に対して「小売店の出店規制はおかしい。やめろ」と言い続けてきたわけです。日本側は、アメリカの2枚舌を知っていながら、その要求を飲み込んできました。対米従属型の通商交渉でした。

それはそれとして、ショッピングセンターの誘致は地元雇用の拡大に役立っているだろうかというと、必ずしも役立っていない。誘致店の幹部社員は中央から来る。パート職などの低賃金労働者職場は増えるけれども、一方で地元資本の流通企業がつぶれたり商店が廃業に追い込まれるなど、同時に雇用破壊も起きている。

2　地域資源活用の事例

若い女性は地域資源　―津山町（岡山県）など

工場は逃げていく、ショッピングセンターもダメということで、最近は大学誘致に地域振興の夢を託すところが出てきています。

おもしろい話があります。岡山県に津山という町がありますが、人口は8万人ぐらいです。小京都といわれるきれいなまちです。そこに津山音大が誘致されました。有名な指揮者が学長に呼ばれました。そして大学は「津山を日本のザルツブルグにしたい」と頑張っておりました。音楽で地域おこしです。

津山には美作女子大もある。ですから町に若い女性が多い。ところが津山市と津山音大が何かつまらないことで諍いがありまして、ついにケンカ別れしてしまう。そして津山音大は倉敷に誘致されてしまいました。

地域資源ということを考えると、たくさんの若い女性が町を歩いているということそれ自体が本当のところは大変な地域資源なのです。美作女子大と津山音大があったわけですが、津山は大変な地域資源を抱えていたことになります。水は高いところから低いところに流れるのが原理ですが、人間の場合、男性が女性の方に流れるのが常です。ですから美作女大、津山音大があると、週末には岡山から男性がデートのために津山に上がってくる。若い女性がたくさん歩いていれば、津山の町中ももう少し華やいでいたはずです。音大という貴重な資源を逃してしまったのは大変残念なことだと思います。

もう一つ大学関係で、帯広畜産大学の話があります。

今は、女性で獣医になりたい人がたくさんいます。そこで獣医学部に入りたいと思っているのですが、馬の「種付け」が耐えられなく嫌だというのです。卒業して獣医の資格を取るのには、必須課程になっているらしいのです。でも、全部の学生に別に馬や牛の種付けを学習させる必要はないと思うのですが。それをしなくてもペットの獣医にはなれるという課程をつくったらよいのです。そうした独特のことをやってペットの獣医希望の女性を帯広に呼び込む。地域資源の生かし方としてそうした考え方があってもいいのではないですか。大学を一生懸命誘致する価値はありますが、それもうまく活かしていかないと成果を上げるのは難しいかなと思っているわけです。

金沢（内発型）VS富山（誘致型）

都市経済を研究しているアメリカ人でジェーン・ジェイコブズという人がいます。建築の人はご存じでしょうが、「アメリカ大都市の死と生」という有名な本を書かれた人です。彼女は高卒後、ジャーナリストになるなど一貫して在野の人ですが、「都市の経済学」という本も書いています。やはりその中で誘致型の産業政策は行き詰まるということを言っています。

すなわち、「安い労働力、安い土地を目当てにした奴は、必ず次の安い労働力、安い土地に逃げていく」ということを言ってます。と同時に、「進出企業は、地域に対する愛情を何も持っていない。人間的なこだわりやしがらみもない。したがって採算が合わなくなったり、ほかに甘い話があれば、たちまち逃げ出してしまう」ということを「都市の経済学」の中で書いています。

彼女は結局、地域振興というのは、今まで外から輸入してたものを自分のところで造るようにする。次のステップとして技術革新なり新しい付加価値を付けて外に移出するようにする――そうしたプロセスを経ないと地域経済の振興というのは、本当の意味で達成できないのではないかということを述べています。

戦後、国の産業開発政策にいろんな地域が邁進しましたが、はたして「うちは国の産業モデル都市です」と胸を張って言えるようなところが、今、日本全国にどの程度あるでしょうか。ほとんどないのではないかと思います。

実は2～3年ほど前（国土庁が国土交通省になる前）、国土庁が「新産都市」が終わった時点での概要、あるいは総括というものを出しました。その中でおよそ60％の新産業都市は目標に対して成果が不十分であった、何とか目標を達成したのは4割だったという自己評価を出しています。役人の自己評価で6割が不十分だったというのは、相当ひどかったということだと思うのです。典型的な誘致型地域振興策の新産都市はそういう意味で、産業立地政策としては、およそ、十分な成果を上げられなかったということです。

富山市は戦後一貫して国の産業開発プロジェクト、地域開発プロジェクトに手を上げてきました。昭和39年に富山・高岡新産業都市に指定され、58年に富山テクノポリスの指定を、平成元年に頭脳立地法の指定も受けております。ある意味では国家プロジェクトを総嘗めてきたわけです。

ところが金沢は、比較的国家プロジェクトから距離をおいてきたところです。平成元年の頭脳立地法の指定だけは受けていますが、他の国家プロジェクトにはあまり縁がありません。

金沢は一貫して伝統産業、あるいは町並み保存というような、伝統と文化を大事にする形での地域産業政策をとってきたところです。

手元の数字ですが、全国を100として富山と金沢都市圏の所得レベルの指数を調べてみました。金沢が82年で105・4です。ところが富山は99・6です。92年、10年後ですが、金沢が103・2、富山が98です。2000年は金沢が107・2、富山は102・9です。

富山には、今お話ししたように、戦後、多分数千億円という単位のカネが注ぎ込まれました。特に富山新港、その整備というかたちで、港湾の開発整備費にたくさんのカネが使われました。富山に数千億円単位のカネが入って、国の財政投資の面では金沢をはるかに凌いでいる。それにもかかわらず、所得格差はついに埋まってないということです。

富山は戦争の時、空襲で焼けました。金沢はマッカーサーが焼かずに残しました。それで富山にはハンディキャップがあるということを言っても、もはや戦後60年です。その議論はだんだん通用しなくなっていると思います。

金沢の都市文化政策、あるいは都市計画、文化にかかわる都市の経済政策ということについては比較的よく研究されてきています。立命館大学におられる佐々木雅幸教授が金沢とボローニャ（イタリア）を比較研究していますが、基本的な流れは、地域資源をいかに地域の産業発展に結び付けるのかという、いわゆる内発的発展論です。さらには宮本憲一教授の都市論を踏まえての金沢の文化経済学です。大変興味深い研究になっています。

3　甘楽《かんら》富岡農協（群馬県）の奇跡

地域振興を考えるということで、ここに事例を探してきました。農協関係の方は、最近有名になってきている「甘楽富岡農協」をご存じかと思います。高崎から私鉄で30分ぐらいのところにあります。中心都市は、富岡製糸工場で有名な富岡市です。そこに「甘楽富岡農協」があります。

1980年代はじめ、この農協の事業販売額は、およそ83億円あったそうです。そのうちの

50億円が蚕、30億円がコンニャクでした。すなわち、典型的な多量小品種出荷の農業地帯でした。ところが農産物輸入の自由化の嵐の中で、蚕は中国産にメタメタにやられるわけです。それからコンニャクなどもインドネシア産などとの競争で負ける。その結果、98年、およそ20年後ですが、実に蚕とコンニャクの販売額は10億円強に落ち込みます。

すなわち70億円ぐらい落ち込みです。ところが1999年の「甘楽富岡農協」の年間販売額は、100億円ありました。70億円落ちたのにかかわらず、100億円です。そして2000年には、「甘楽富岡農協」は、関東農政局管内で、前年対比の販売額を伸ばした唯一の単協でした。それで「甘楽富岡農協の奇跡」と言われるようになったのですが、この間、何が起きたのかということであります。

女性と年寄りが地域資源

地域資源を考えるということに関係があります。苦境の時代に、専業農家は、桑畑を順次畑地に変えて行きました。甘楽富岡農協が一番問題にしたのは、およそ900ヘクタールから1000ヘクタールぐらいあった荒れ地や耕作放棄地の扱いでした。農協圏内全体で4500から500

00ヘクタールの農地があり、そのうちの5分の1ぐらいの耕地が荒れていたわけです。荒れ地を生産緑地としてどう生かすかということが大きな問題でした。

農業政策の動向といいますか、霞ヶ関の考え方からいえば今もそうですが、耕地や荒れ地で耕作可能地は大規模農家に請け負いに出すとか、要するに規模の拡大主義です。規模の拡大を目指すというのが農業の近代化につながるということです。ですから、大規模専業農家は大切だが、兼業農家や自作農家は生産性が低く、お荷物と考えられてきました。ところが「甘楽富岡農協」が考えたのは、全く逆の事でした。

「甘楽富岡農協」は、地域資源とは何かに立ち返ったのでした。まず始めに、中山間地にあります。中山間地というのは、平地から山合いに入っていくあたりから、もう少し山地のあたりを指します。

中山間地農業は条件不利地にあるということで、2年ほど前から中山間地対策で直接支払い制度が始まっています。甘楽富岡も中山間地にあって農業の条件不利地なのですが、中山間地であるということは、山の上の方と下の方では日々温度差があり、いろんな作物が四季折々作れるというふうに考えました。すなわち、多品種のものを作れる。そういう気候条件があるということを地域資源として考えました。それから幸いなことに、東京まで高速道路で1時間ちょっとで行ける。地理的に有利な条件にある。

3番目——ここが凄いと思うのですが、農家を3種類に分けました。すなわち、①販売農家——、専業あるいは第1種兼業農家です。②自給農家がいる。自家用の農作業しかしていない。それから③土地持ち農家、土地は持っているけれども耕作はしないという農家です。

この3つのうち、「販売農家」は、農業に自分達の生活がかかっている。ですから真剣ですし、自立して農業をしている。基本的にその人達は自分達でやっている。知恵も、農業に対する熱意もある。問題は「自給農家」と「土地持ち農家」です。甘楽富岡農協は、彼らこそ財産であり、地域資源ではないかというふうに考え直したわけです。

じゃあ、土地はそこにある、では誰がそこで農業をやるのかという時に、女性と高齢者に注目しました。女性と高齢者こそ潜在的な人的資源ではないかと考えます。これも従来の農業労働者観からは逆転の発想です。

直売所に出して孫の小遣いかせぎ

そこで、農協が女性と高齢者に呼び掛けました。「自分達で作ったものを自分達で食べるだけではなく、もう少し余分に作って出荷してください」と。その出荷先として市内に直売所を設けました。「彩食館」です。女性と高齢者農家に、直売所に出荷するために就農してもらったのです。値段は自分達で勝手につけてよい。どれだけ出荷するかも自分で決める。そうすると売れる人、売れ残る人が出る。新鮮で値付けがうまければ、飛ぶように売れる。鮮度が悪くて高ければ、売れ残る。結果は、市場原理が実現する。農家が消費者の気持を理解し、市場メカニズムを学ぶようになります。最終的に数百万円の売り上げを得るおばあさんも出始めました。

高齢者の方はゲートボールをやりますが、大変不健康なスポーツです。というのは、ゲーム終了後は喧嘩して帰るそうです。ですからゲートボールをやるよりは、農業を一生懸命やって小遣いが入って、孫にお小遣いを上げられる方がよほど健康的だということになります。頑張っているのです。

次のステップは東京出荷

実は、話はそこで終わらない。直売所に出した直売農家のために、次のステップを考えておいたのです。すなわち、先程お話しした東京まで1時間圏ということで、「朝採れ野菜」というブランドを開発しました。その日の夜明け前から収穫した野菜を朝の8時までに農協に出荷してもらう。それを朝の10時までに東京の生協やスーパーの店頭に届ける。「甘楽富岡農協コーナー」というのを作ってもらって、そこに陳列するわけです。そうすると、新鮮ですから多少値段が高くても、消費者は「甘楽富岡農協の野菜がいいわ」と買ってくれる。直売所である程度値決めとか製品管理に成功した農家が東京出荷組みに出世できるようになっている。

その東京出荷分については、全部バーコードを付ける。お店と農協で、誰がどの野菜を出荷したかを全部チェックできる。そうしますと、夕方、売れ残って3割引で売らなければならない野菜がいつも山田さんのところからのものだということが簡単にわかる。

生協の方から農協に「もう山田さんのはいいわ」と言ってくるわけです。そうなると、山田さんはもう一度、直売所出荷組に逆戻りです。そうならないように、農家は鮮度のよい野菜を出荷するように頑張らなければならない。

町中の直売所の場合は自分で値決めをし、売れなければ自分で引き取るんですが、東京出荷分は一定の値段で業者（生協やスーパー）が買い取る。ですから、これは出荷側にとったら大変美味しい話です。必ず売れるわけです。品質が悪くても返品されない。しかし売れ残りが続けば、「もうあなたはいいですよ」となる。

そんなわけで、今までは地域資源ではない、地域のお荷物だと思われていた年寄りや女性とかの労働力が、あるいは農地が一気に農業で活用されはじめたわけです。2000年段階で「甘楽富岡農協」の販売額の2割近くは、直販部門でカバーされています。地域の資源というのは何かということを考えるのは難しいという話ですが、そこに住んでいる人が、多分、コペルニクス的に考え方を変えると、今まで見えなかったものが、突然、地域資源に変わるということだと思います。

II　重層的なネットワークの構築

1　イタリアの奇跡

地域経済学の研究対象に

霞ヶ関が司令塔になって全国一律型の開発をするという、フォーティズム型の地域開発の時代はもう終わったのではないか、というのが基本的な考え方です。

産業政策に関して、90年代の初めから、地域経済学者の中でイタリアの研究が随分行なわれるようになりました。イタリアは1950年代に、「イタリアの奇跡」といわれる経済的成功を達成しました。この成功の要因になったのは、重化学工業です。

しかし、重化学工業に重心を置いた地域開発は行き詰まってしまいます。結局、70年代に入ると、イタリアはヨーロッパのお荷物だといわれる程に経済が衰退してしまう。財政赤字が続き、国はほぼ破産状態になってしまう。

そのヨーロッパのお荷物になったイタリアが1980年代に「第2の奇跡」を実現します。その奇跡の背景が、地域経済学の研究対象になりました。

フレキシビリティとスペシャルゼーション

その奇跡は、「第3のイタリア」といわれています。どういうものかと言いますと、国内外の市場に向けて日常生活製品――靴とか、あるいは食器、衣料品とか、そうした分野で成功する中小、中堅企業が群出したのです。一方、機械製品ですと包装機械関係ですね、ボローニアなどは、特に包装機械分野で成功しています。

エリア的には北イタリアです。ほとんどが中小企業、多くの場合、家族経営型のものです。そうした地場の中小企業の間をとりもつコンバーターという職業があります。商社のようなものです。情報屋です。そのコンバーターを中心に、製造業者や素材メーカー、デザイナーとかが生産ネットワークを作っている。

それが重要なネットワークになっている。専門家集団における柔軟なネットワークというので、フレキシビリティとスペシャルゼーションという言葉を使って説明されています。柔軟な結び付きの専門家集団というわけです。取引関係の柔軟性と専門家グループのネットワーク——、その二つの存在がこの「第3のイタリア」の成功につながったと分析されています。

今度の季節はA社と一緒に仕事をやるけれども、来季はB社と取引するということを柔軟にやる。取引関係が自由なのです。水平的取引関係です。下請け関係ではない。したがって取引関係はいつも平等です。そうした関係の中からこそ、新しい考え方なり発想が生み出されてくる。

地域経済学のイタリア研究の結論的部分です。

2　フレキシブルな取引関係が生まれた歴史的背景
―自己の確立した人達のヨコのネットワーク

R・バットナム著「哲学する民主主義」

　では、北イタリアでなぜそういうフレキシブルな取引関係が生まれたのかが問題になります。それを、歴史的背景を探ることによって明らかにしようとした研究があります。ロバート・パットナム著「哲学する民主主義」です。原著は「Making Democracy Work」です。なぜそれがこういう日本語訳になるのかよく分かりませんが、英語題を直訳すれば、「民主主義を機能させる」になります。パットナム博士は、ハーバード大学の政治学の教授です。アメリカの政治史の研究家ですが、「イタリアにおける哲学と認識」という本もあります。イタリアにおける市民意識の変遷に関する研究ということになってます。九〇年代初頭にこの本が出て、日本でも地域経済や都市政治などを勉強している研究者には大きな衝撃といいますか、示唆を与えました。パットナム教授が「哲学する民主主義」の中で分析したことは次のようなことです。

１９７０年代初頭に、イタリアは州政府制度を導入し、地方分権に入っていきました。州制度が導入されてその後の２０年間、それぞれの州政府の行政の歩み、民主主義の進展度、あるいは政策の活性度というようなことについてパットナム教授は調査をしました。その結果、何が分かったかといいますと、イタリアの北と南では、行政改革や民主主義の進展度で大きなギャップが出ていることがはっきりした。もちろん、南の州政府で改革が遅れている。

以前からイタリアには南北問題がありました。南は北の足枷になっているといわれてきました。ですから、北の方には北部同盟と言って大変右翼的な政党があります。彼らは北だけで独立するとか、北だけでEUに入るとか、過激なことを主張しています。「南イタリア切り捨て論」です。そういうことで北の方は、いつも南の経済をおんぶにだっこしてきたというふうに思っている。実際、南の方にいくら財政的にカネを注ぎ込んでも、南の経済はなかなか成功しない。

南北問題というのはイタリアのずっと長い間の課題ですが、パットナム教授は、州政府制度の導入と、その後の州政府の行政パフォーマンスを調べた結果、やはり南北格差は大変大きいという結論に到達したわけです。

なぜ、南北格差が解消しないのか。パットナム教授は、北イタリアには、自立的な、契約自由、相互信頼に依拠した市民的連帯が成立しており、そのことが北の経済的、政治的成功に関係しているのではないか、と考えました。要するに、市民同士のヨコのつながりです。同好会でもいいですし、あるいはスポーツのクラブでもいい。会社同士のヨコのつながりということもあるでしょう。とにかくネットワークです。ヨコにつながるネットワークが、自己の確立した人達のヨコのネットワークとして形成されている。そのことが地域経済が離陸するうえで大切である、ということがパットナム教授の本から読み取れる。

それに対して南部の方は、封建君主制の時代以降の搾取や隷属の関係が社会にシミ付いている。したがって、人間関係が垂直的になりがちだと言っている。南イタリアにはそうした伝統というか、文化風土が引き継がれている。その結果、行政と市民の関係も従属的関係になりがちです。垂直型支配の構造というのが、めんめんと続いているのです。そうしたタテ社会の構造の中からは、新しいアイデアは生まれてこない。要するに、タテ社会の頂点から指令されて、下はそれをそのまま実行するだけだと、そこからは新しい発想、改革の意欲は生まれないということを言っているわけです。

すなわちそうした歴史的背景、北は都市国家の時代にさかのぼって市民の自立とそのネットワークが形成されているが、南部では形成が遅れている。そうした歴史的背景が先程話した「第3のイタリア」の成熟に関係しているし、フレキシブルな企業間の連携を生み出す基盤になっているのではないかという問題意識につながってくるわけです。「第3のイタリア」における出入り自由な、ヨコにつながる生産ネットワークは、社会的なヨコノネットワークの存在を前提に成立すると考えることができます。

トクヴィル「アメリカにおける民主主義」
―ソーシャルキャピタルの発展こそが地域産業の成長の基盤

このパットナムの「哲学する民主主義」は、フランスの思想家A・トクヴィルの著書「アメリカにおける民主主義について」から多くを学んでいます。A・トクヴィルはアメリカを旅行して回って、アメリカ社会、特に地方政治はなぜこうしっかりしているのか、それはアメリカ社会の健全性につながっているのだが、その民主主義の基盤はどこにあるのか、ということをその本の中で書いてます。その理由の1つに、トクヴィルは、アソシエーションの発達に注目しました。

トクヴィルは、アメリカではアソシエーションが発達していることに驚きます。「アメリカ人はアソシエーションを作る天才だ」と書いてあります。日本の訳本は「結社」と訳していいます。秘密結社を連想し、あまりいい訳とは思いませんが。それは、パットナム教授が北イタリアで市民的ヨコのネットワークと言っているのと同じものです。

アメリカに暮らしてみると経験しますが、例えば日曜礼拝に行って、礼拝が終わったあとは隣の部屋で紅茶などを立ち飲みしながら世間話をします。

「うちのそばに大きなショッピングセンターができるのよ。クルマの騒音が心配」という話が出てくる。そうすると

「じゃあ皆で問題にしましょうよ」とか、あるいは、

「地域のテーマにしましょうよ」というように話が発展して、コミュニティー運動につながっていく。

そうしたアソシエーション、出入り自由な水平的なネットワークと言ってますが、それがアメリカでは発達している。そのトクヴィルの考え方をイタリアに適応して、出入り自由なヨコにつながるネットワークのことをパットナムは、社会資本、「ソーシャルキャピタル（SOcial Capital)」というふうに命名しています。

パットナム説に従えば、このソーシャルキャピタルの発達こそが地域産業の成長の基盤、あるいは安定性の基盤にとって重要だということになります。

社会的連帯組織なのです。最近のはやり言葉で言いますと、コミュニティビジネスとか、ＰＯとかというものもソーシャルキャピタルの中に入ってくるのではないかと思います。

III　「都市間競争から都市間の連携へ」

市町村合併は柔軟性のある連携ではない

これからの行政システムにおいても、柔軟性ということが大切になってきます。フレキシブルな行政ネットワークをどういうふうに構築するかということです。

国をあげて市町村合併の大合唱をやっています。市町村合併それ自体は、決して柔軟性のある連携ではない。一度合併してしまえば、再び離れたりくっついたりすることは簡単にはできなくなる。総務省は自治省の時代、広域連合主義だったんです。広域連合というのは、自治体のヨコに連なる水平的な連携です。ところが経済界、あるいは自民党を中心に市町村合併の大合唱が起きました。それで総務省も時代の流れに乗る方を選んだ、というのが実情です。しかし、広域連合主義の時代には、自治体間の柔軟なネットワークに応じて新しい行政システムを生み出すということに、自治官僚のエネルギーと目標があったのです。

1 「都市の成長管理政策」

アメリカにおける「都市の成長管理政策」

少しアメリカの話をします。都市の成長管理政策というのがアメリカにあります。これは何かと言いますと、「開発の誘導」をして行くという考え方です。郊外と町中の間では、開発投資をできる限り町中に誘導しましょうということです。スプロール型の開発を阻止するためです。

成長管理政策の導入は30年ぐらい以前からですが、一番成功したといわれているのはオレゴン州のポートランドです。ポートランドは都市の成長限界線（Urban Growth Boundary）を設定しました。UGBの外側では、都市型の開発を厳しく規制する。過去20年か25年ぐらいの間に、UGBはおよそ2%だけ外に拡大したと言われてますが、その間に開発された住宅のおよそ75%はUGBの内側にとどまりました。その意味では、都市のスプロール型開発を阻止し、開発圧力をUGB内に誘導することに成功してきました。

「都市化時代はもうおしまい」という基本的な認識

日本の都市計画法は1968年に大改正が行なわれて、線引き制度が導入されました。すなわち、市街化区域と市街化調整区域の設定です。都市的開発を進めるところが市街化区域。都市的開発を規制し、阻止する地域が市街化調整区域。その間を区分するのが線引き制度です。線引き制度が68年の大改正で導入され、日本の都市計画制度は、近代的土地利用システムを確立したということになっています。

去年の都市計画法の改正は、それ以降、最大の改正と言われています。改正の基本的な認識は、都市化時代は終わった、つまり郊外開発という都市が外に膨張していく時代はある程度終わったのだというのが基本的な認識です。改正都市計画法は、これからは都市の時代だという立場をとっています。

既存の都市をいかに円熟させ、魅力あるものにしていくかという時代になった、と言うわけです。すなわち、低成長時代です、あるいは人口が減少する時代です、都市化はもうおしまい、という基本的な認識に立って、大改正があったのです。

ただ、都市化時代は終った、もうスプロールはしないという考え方はちょっと違うのではないかと思っています。車社会を前提にする限り、郊外空間の乱開発というのか、スプロールはそう簡単には止まらないのではないかと考えています。また、人口が減少する時代、あるいは低成長の時代こそ、成長管理の考え方とか、「開発の誘導」の思想が大事ではないかという考え方もあります。

すなわち限られた資源をどこに再配分するのかという時に、ありあまった資源の再配分ではなくて、非常に限りのあるものをあるべきところに適切に誘導していくということが、これからは都市政策、あるいは都市計画にとって重要になると思います。

現に、ニューヨーク州の産業都市で衰退しているバッファローとか、インナーシティー問題を抱えるクリーブランドなどの都市が成長管理政策をどいかに導入するかを熱心に研究しています。

成長管理政策の限界

低成長時代だからこそ、成長管理政策の役割が大きくなる。ただ同時に、この20年から30年の米国の経験、あるいは日本での都市計画行政の実態などを振り返ると、成長管理政策の限界も見えてきます。先程お話しした線引きは、ある種の成長の限界線です。線引きから先は、緑を守る市街化調整区域だったのです。しかし、線引き制度は、かならずしも十分な緑の保全にはつながらなかった。UGBも、ポートランド以外のところではさほどの力を発揮していない。それだけ郊外に向うスプロール型の開発圧力が強いということです。

都市間競争の時代だといって、自治体がショッピングセンターや工場の誘致合戦をしていることも、成長管理政策のネックになっています。

企業誘致のために自治体がしばしばゾーニング、すなわち土地利用規制を変更します。本来、開発できないような用途地区に、あるいは、ショッピングセンターなど建てられないところに、ゾーニングを変更して大きなショッピングセンターを造るということをやっています。

2 「都市間競争から都市間の連携へ」

「財政ゾーニング」

自治体がゾーニング（土地の用途規制）を変更し企業を呼び込み、税財源を確保する。それを「財政ゾーニング」と言います。この「財政ゾーニング」がやられている限り、本来の土地利用計画はうまく機能しないのではないかということがはっきりしてきました。

そのためにアメリカでは最近、「税財政政策と都市計画の統合による持続可能な都市実現のための成長管理政策」が検討されるようになりました。すなわち税財政政策と都市計画をうまくクロスさせて都市の成長を管理し、「財源ゾーニング」に歯止めをかけようという考え方です。その1つとして「『開発の誘導』としての税の再配分」という手法があります。これは大都市圏の行政システムの考え方としては、きわめてフレキシブルで柔軟性に富んだものです。ミネアポリス大都市圏の事例があります。固定資産税のタックスシェアリング（Tax-sharing）ということをやってます。先程ほど話したように、都市間競争をひきづっていると誘致合戦になる。結果、スプロール開発が行われる。環境破壊も多分進むであろう。それならば誘致合戦を緩和し、開発の弊害をできる限り抑えるために税制を活用できないか、という問題意識からタックスシュアリングは始まったのです。

「『開発の誘導』としての税の再配分」

大都市圏全体で都市のマスタープランを決めます。どういう土地利用をするかということを全体として計画します。同時に、ある基準年度を設定して、その基準年度以降、自治体ごとに固定資産税の増収分を算出し、その増収分を大都市圏全体でプールします。最後にプール金を各自治体に再配分する。例えば、増収分の半分とか、あるいは3分の1を地域全体の自治体で再配分することを決めます。結果的に、自分の町はあまり開発が行われなかったので企業進出もなく、税収増はなかったが、それでもプール金のところから再配分金が入ってくるという仕組みです。誘致合戦のインセンティブを少し損ねると言いますか、緩和されるということが行なわれています。それがタックス・シェアリングの考え方です。開発主義に走るよりは、美しい自然を保全することを第一義に考える自治体が出てくることなどが期待されています。

今年の春カリフォルニア州議会に提案されたタックスシェアリング法案は、固定資産税ではなく、売上税を都市圏全体で再配分しようというものでした。売上税の1%を地域全体でプールする。それによってショッピングセンターなどの誘致合戦や都市間競争を緩和する。しかし、税収というのは自治体の懐具合に直接関係しています。自治体も連携したり、ゆずったりしたくない部分だと思いますが、とにかくも、米国で実際にそうした試みが始まっているというのは大変おもしろいことです。日本の地方自治制度や、あるいは日本の地方税制の中でタックスシェアリングを通じた広域行政の可能性をどこまで追及できるのか、ぜひ議論していただきたい。

行政の効率を上げるためにとにかく合併というのはおかしい。「都市間競争から都市間連携へ」ということが考えられてもいいのではないかと思っている次第です。

Ⅳ　「都市再生」批判

1　ビジョンなき「都市再生」

「都市再生」、地方は論外？

次に都市再生ということで少し話をさせていただきたいと思います。

９９年、政府に都市再生本部が設置されました。国は「都市再生」といってますが、実は東京ないし大阪、せいぜい名古屋ぐらいまでの「都市再生」しか考えていないのです。去年の5月18日に、都市再生本部から「都市再生に関する基本的な考え方」というのが出ました。この中では、地方都市の中心市街地の問題が一切触れられておりませんでした。「地方無視」と地方の知事が大反発をしました。その結果、6月14日に改めて「都市再生に関する基本的な考え方」というのが出ました。

まさにそういう経過で提出された都市再生の基本的な考え方です。「都市再生」のビジョンがないというのか、都市を造営する理念がないわけです。わずか1か月の間に、二度「都市再生に関する基本的な考え方」というのが出てきて、二度目の方で初めて地方都市の中心部についてどうするか、その再生が語られるわけです。

しかし、その実態は、今まで地方都市の中心市街地対策で行なってきたことがそのまま並べられている。なんの新しさもない。「都市再生」のスタートの時点で、すでに地方は論外ということだったのです。

「都市緊急整備地域」の不思議

先日ですか、「都市緊急整備地域」というのが指定されました。

東京と大阪ばかりです。あと、横浜、名古屋がありましたが、大都市だけです。東京に行くと分かりますが、局地的な再開発バブルが起きています。不動産経済研究所が超高層マンションについて調べたのですが（超高層ビルの定義は20階建て以上、60メーター以上）、2000年から2006年までに、首都圏で203棟、都区部で125棟新築されることになっています。これにオフィス、ホテルの超高層を足すと、都区部（23区）で、おそらく200棟近い超高層ビルが建つことになると思います。

今、再開発ラッシュになっているところは、東京駅の正面側と八重洲側、それから汐留、品川、大崎、恵比寿の辺り、新宿駅西口などです。それから六本木界隈。芝もあります。それに臨海副都心のお台場。実は、この再開発ラッシュが起きているところと、今回、東京都が国に対して提案し、国が指定した「都市緊急整備地域」とはほぼダブっています。

すなわち、現に民間が活力をもって局地的バブルではないかと思われるほどの開発ラッシュになっているところに、さらに後追いする形で「都市緊急整備地域」が指定されたのです。「都市緊急整備地域」にはいずれ「都市再生特区」が設定されます。「特区」では、都市計画法などの規制緩和が行われます。デベロッパーが自由自在に開発できるようにします。不良債権を抱えてフラフラしているゼネコンを元気づけるための「規制緩和特区」になるのではないかと言われています。悪く言う人は、「都市再生ではなく、ゼネコン再生ではないか」というふうに言っています。誰のための「都市再生」なのかということが、今後問題になってくると思います。

では、特区に建つ超高層マンションとか、オフィスビルには誰が入居するのか、だれがそこで働くのか、ということですが――。新聞広告などを見ているとよく分かりますが、「パワーエリート」だというのです。「パワーエリート」というのはどういう人なのかというと、まずは多国籍企業で働くエリートビジネスマンです。時空を超えて、それこそグローバルに動き回っている人達です。あるいは彼らの業務を支援する弁護士、会計士、そして高額所得者の医者などの職業人です。

アメリカの労働長官をやったロバート・ライシュという人がいますが、彼はそうした職種の人達を「シンボリックアナリスト」と呼んでいます。

繰り返しになりますが「都市再生特区」は、今現にデベロッパーが開発に動き回っているところ、三井不動産、三菱地所、住友不動産、そして森ビルなどの民間活力がありあまっているところが対象になります。「都市再生特区」として規制緩和をやる。そこで暮らし働くのは、もっぱらグローバルに活躍する「パワーエリート」です。一般市民にはおよそ関係ない世界でのことです。

国土交通省とか内閣官房の資料を見ているとおもしろいんですが、この「都市再生特区」の考え方というのは、サッチャーの都市政策を参考にしているかのように書いています。制度の比較表などが出ています。しかし、サッチャーの「エンタープライズゾーン」構想と今度の「都市再生特区」の考え方は似て非なるものです。

けしからないと思うのは、それをまるで同じもののように書いている。確かに、指定地域内では都市計画規制の緩和をしている。ところがどこが指定されたかというと、エンタープライズゾーンの場合、インナーシティーなど都市の疲弊しているところです。ロンドンで指定されたのはご存じのように、港湾地区のドックランドです。ところが「都市再生」では、大変な開発ラッシュになっているところが「緊急整備地域」に指定されました。皇居から歩いて5分の東京駅周辺。英国の場合、バッキンガム宮殿の前がエンタープライズゾーンに指定されたというような話です。

銀座や六本木も指定されている。イギリスの場合は、多分、ピカデリーサーカスの辺りだと思いますが、そういうところが「特区」に指定された。仕組みだけをもってきて内容が全く違うものに書き替えられている。

「木造住宅密集地域特区」

低層の木造住宅が密集して建っているところを木造住宅密集地区と言います。縮めて「木密地区」です。都市再生本部は、ここも課題であると言っているのですが、東京については「緊急整備地域」の指定がありませんでした。本来の都市再生の考え方から言うと、こういうところが本当は特区に指定されなければいけない。東京には「木密地区」がたくさんありますが、震災や火災などで都市災害が心配されている。しかし現実には、民間資本が動いていない。「緊急整備地域」に指定しても、当座、開発投資が誘発されそうもない。それで指定されなかったのです。

都市づくりが、所詮は景気対策になっているからです。民間が動いてないところ、動きにくいところを指定してもカネが動かないので景気対策につながらない、という発想です。でも、実際は、「木密地域区こそ特区に指定すべきなのです。都市計画をやっている人はおわかりと思いますが、例えば道路があると、そこを再開発する時は、道路中央ラインから道路幅2メートル確保しなければならない。そうすると、現状の「木密」を、タウンハウスふうに共同開発しましょうといった時には、敷地の大半が道路用地にとられてしまう可能性がある。それではつまらない、まともなタウンハウスを建てる用地が残らない、ということで再開発が進まない。

それならば、各地域ごとに地域の事情にあった都市計画、建築基準があってもいいのかもしれないということです。とすれば「木密地区」を「特区」に指定して、都市計画規制などを思い切って緩和する。それで、再開発を促進する。あるいは災害対策をやるべきなのです。

2 「カジノ特区」は有効か

「カジノ特区」に熱心な東京都・大阪府

「都市再生特区」、あるいは「経済特区」の中で、「カジノ特区」という議論が出ています。東京都の石原慎太郎知事、大阪府の太田房江知事も熱心です。石原知事は東京都の財政赤字で外形標準課税を導入して銀行と喧嘩をしましたが、大阪府も財政再建団体入りギリギリのところにいます。府債——、府の借金証書が山積みになってる。太田知事も借金証書の重さで潰されそうです。石原知事は、臨海に「カジノ特区」をつくりたいと言っている。「カジノ租界」です。太田知事は、関西空港の向かい側の流通ターミナルですね、そこに「カジノ特区」という租界をつくりたいという。そのため両知事とも、カジノを合法化しろ、とけん伝している。

カジノができればカネが湯水のように沸いてくるから財政が一気に改善する、という目算です。石原知事は先日、「先進国で100万都市にカジノがないのは日本だけだ」と言っておりました。そして「競輪競馬がOKなのに、同じギャンブルのカジノがなぜ駄目なのだ」とカジノ合法化論を展開していました。

そして「東京都を千客万来の国際都市にする」と言っている。「千客万来の国際都市」が都の中長期計画になっている。カジノを含めて総合娯楽国際都市に改造し、、そのことによって東京の浮揚を図るということを主張している。

しかし、そこには論理の飛躍があります。たとえば多国籍企業について、カジノが東京にないので取引先をソウルに変えたという話は聞いたことがない。東京にカジノがないのでアジアの拠点を香港がほかの都市に移したという話も聞いたことがない。ロンドンには確かにカジノはあります。でも、ビジネスでも観光でも、カジノがあるからロンドンに行くという人はどくらいいますか。

先進国で１００万都市に「カジノがないのは日本だけだ」とか、まるでカジノが世界都市には必需品かのように語られている。ところが世界都市のチャンピオン、ニューヨークはカジノ禁止です。アメリカ人が国内で旅行を一番したい都市はどこかというと、サンフランシスコです。そのサンフランシスコにもカジノはありません。それからビジネス環境に一番恵まれている都市はどこか、というような都市ランキングが時々ビジネスウイーク誌などに掲載されます。ＮＯ１に上がるのはシアトルです。しかしシアトルにもカジノはない。そうなってくると、石原知事の発言は何なのだということになります。

大都市だけではなくて秋田県雄和町や、宮崎のシーガイアなどもカジノを誘致したいということで、「カジノ特区構想」を打ち出しています。

カジノに地域振興をかけた町

カジノに地域振興をかけた町にアトランティックシティがあります。ニューヨークのハドソン川を渡って、ニュージャージーをずっと過ぎて、大西洋岸の海辺の町です。かつては、海辺の保養地でした。50年代からずっと引き継いで全米規模で高速道路網が整備されて行きました。州際高速道路（インスターステート）です。あるいは航空機の利用が発達してくる。その結果、大都市近郊のリゾート地が衰退しました。アトランティックシティもそのうちの一つでした。ニューヨークっ子も、もっと遠くのビーチへ、たとえばフロリダとかに行くようになった。

それでアトランティックシティーはカジノで経済再生ということを考えました。アトランティックシティーはギャンブルで町おこしということで、州政府にギャンブルの「特区」を認めてもらいました。その後、およそ4半世紀になりますが、かならずしもカジノ万歳とはなっていないようです。確かに雇用効果はあるのですが、仕事の大半は低賃金です。昇給の可能性も少ない。カジノ、ホテル関係の仕事でもゴミ処理とか部屋の整理など安い賃金、最低賃金の仕事が多い。将来の昇給・昇進を期待できるような仕事ではないのです。相変わらずアトランティックシティーの失業率は10％ぐらいで高い。

それから、アトランティックシティーの市当局はカジノから少し税金を取るのですが、財政の支出先はどうしてもカジノ街の社会基盤整備というのか、町の整備はカジノ振興の方に偏重しがちになる。他の方にカネがなかなか回らない。そういうことで町全体がどうも廃れているという感じになるようです。以上のようなアトランティクシティー事情を、ニューヨーク在住のフリーのジャーナリストがインターネット上に書いているので知りました。

カジノでお金を全部すってしまった人が今度は時計とかネックレスとか貴金属をカネに変えるために立ち寄る貴金属換金ショップが並んでいる。その換金ショップ街をうつむき加減に歩いている人がいるという。ナントモみすぼらしい町になっているそうです。

くだんのジャーナリストによると、カジノ産業で年間150億ドルぐらいの需要が発生していると言われています。確かに大きな経済効果です。でも、その需要のほとんどはアトランティックシティーの地元経済には結びついていない。アトランティックシティーの外からの調達になっている。ですから、先程から話している地域循環型経済にはあまり寄与していないということです。一方で貧富の格差が広がっている。したがって、アトランティックシティーの経験に学ぶと、「カジノ特区」というのはあまり感心できないのではないかと思っています。

ラスベガスはカジノで大変有名ですが、ラスベガスも80年代には悪い時期がありました。今は活況を呈していますが、カジノで元気を取り戻したのではないのです。テーマパークが集積するフロリダのオーランドや南カリフォルニアと対抗し、おじいちゃんやおばあちゃんから子供までどうひきつけるのかということで努力した。それで町のイメージをガラッと変えた。総合観光都市として成功したのです。決して、カジノで成功したのではないのです。

おわりに ―― 市場まかせにはできない「都市再生」

最後に、都市空間と「都市再生」について述べておきます。

規制緩和一本、開発は一切民間に任せるということで「都市再生」が動いていますが、しかし、民間市場に都市開発を任せるということは、しまいにはとんでもないことになります。換言すると、都市空間の再配分を民間に任せるということですが、警視庁の所から三宅坂を登っていくと、国会が見えますが、国会議事堂正面の景観が完全に破たんしてしまいました。

国会議事堂は国権の象徴ですから、列柱が並び、石造りで、左右対称の重々しい造りになっています。建築デザインに政治の安定を象徴させているわけです。ところが今、背後に民間の50階建てぐらいの超高層ビルが建っている。ちょうど国会議事堂を足下に見下ろすような位置です。

このことはまさに、戦後日本の政治経済システムを象徴していると思うのです。日本の政治が空洞化しているのは確かですが、いずれにせよ国会議事堂は民主主義の殿堂です。その殿堂を足下に置く。要するに、政治やデモクラシーよりもビジネスの方が上だよ、と主張しているわけです。それに対して国会が問題にしたという話を聞かない。市場に任せるということは、こういうことが起きるということです。すなわち、国会議事堂の問題は、国に都市を造営する構想力というか、決意というか、それが欠落していることの象徴的ではないかと思います。やはり都市を造るとか、造営するという場合、中長期的に立派なビジョンを構想し、そこから考えていかなければいけない。都市空間の再配分をマーケットに任せるなどという発想自体、おかしな話です。

（本稿は、二〇〇二年七月十三日、北海学園大学三号館四一番教室で開催された地方自治土曜講座での講義記録に一部補筆したものです。）

著者紹介

矢作　弘（やはぎ・ひろし）

日本経済新聞編集委員

一九四七年東京都生まれ。一九七一年横浜市立大学卒業。同年日本経済新聞入社。一九八四〜八五年オハイオ州立大学客員研究員（都市とメディアの研究）。一九九〇〜九四年同社ロサンゼルス支局長。現在に至る。

主な著書　「町並み保存運動 in USA」（学芸出版社）。「ロサンゼルス」（中公新書）。「都市はよみがえるか」（岩波新書）。「地方都市再生への条件」（岩波ブックレット）

刊行のことば

「時代の転換期には学習熱が大いに高まる」といわれています。今から百年前、自由民権運動の時代、福島県の石陽館など全国各地にいわゆる学習結社がつくられ、国会開設運動へと向かう時代の大きな流れを形成しました。学習を通じて若者が既成のものの考え方やパラダイムを疑い、革新することで時代の転換が進んだのです。

そして今、全国各地の地域、自治体で、心の奥深いところから、何か勉強しなければならない、勉強する必要があるという意識が高まってきています。

北海道の百八十の町村、過疎が非常に進行していく町村の方々が、とかく絶望的になりがちな中で、自分たちの未来を見据えて、自分たちの町をどうつくり上げていくかを学ぼうと、この「地方自治土曜講座」を企画いたしました。

この講座は、当初の予想を大幅に超える三百数十名の自治体職員等が参加するという、学習への熱気の中で開かれています。この企画が自治体職員の心にこだまし、これだけの参加になった。これは、事件ではないか、時代の大きな改革の兆しが現実となりはじめた象徴的な出来事ではないかと思われます。

現在の日本国憲法は、自治体をローカル・ガバメントと規定しています。しかし、この五十年間、明治の時代と同じように行政システムや財政の流れは、中央に権力、権限を集中し、都道府県を通じて地方を支配、指導するという流れが続いておりました。まさに「憲法は変われど、行政の流れ変わらず」でした。しかし、今、時代は大きく転換しつつあります。そして時代転換を支える新しい理論、新しい「政府」概念、従来の中央、地方に替わる新しい政府間関係理論の構築が求められています。

この講座は知識を講師から習得する場ではありません。ものの見方、考え方を自分なりに受け止めてもらう。そして是非、自分自身で地域再生の自治体理論を獲得していただく、そのような機会になれば大変有り難いと思っています。

「地方自治土曜講座」実行委員長
北海道大学法学部教授　森　啓

（一九九五年六月三日「地方自治土曜講座」開講挨拶より）

地方自治土曜講座ブックレット No. 84
地域おこしを考える視点

2002年9月20日　初版発行　　定価（本体700円＋税）

著　者　　矢作　弘
企　画　　北海道町村会企画調査部
発行人　　武内　英晴
発行所　　公人の友社
〒112-0002　東京都文京区小石川5－26－8
TEL 03－3811－5701
FAX 03－3811－5795
振替　00140－9－37773

公人の友社のブックレット一覧

（02.9.20現在）

「地方自治土曜講座」ブックレット

No.1
現代自治の条件と課題
神原勝 ［品切れ］

No.2
自治体の政策研究
森啓 600円

No.3
現代政治と地方分権
山口二郎 ［品切れ］

No.4
行政手続と市民参加
畠山武道 ［品切れ］

No.5
成熟型社会の地方自治像
間島正秀 ［品切れ］

No.6
自治体法務とは何か
木佐茂男 ［品切れ］

No.7
自治と参加アメリカの事例から
佐藤克廣 ［品切れ］

No.8
政策開発の現場から
小林勝彦・大石和也・川村喜芳
［品切れ］

No.9
まちづくり・国づくり
五十嵐広三・西尾六七 500円

No.10
自治体デモクラシーと政策形成
山口二郎 500円

No.11
自治体理論とは何か
森啓 ［品切れ］

No.12
池田サマーセミナーから
間島正秀・福士明・田口晃 500円

No.13
憲法と地方自治
中村睦男・佐藤克廣 500円

No.14
まちづくりの現場から
斎藤外一・宮嶋望 500円

No.15
環境問題と当事者
畠山武道・相内俊一 500円

No.16
情報化時代とまちづくり
千葉純・笹谷幸一 ［品切れ］

No.17
市民自治の制度開発
神原勝 500円

No.18
行政の文化化
森啓 600円

No.19
政策法学と条例
阿倍泰隆 600円

No.20
政策法務と自治体
岡田行雄 ［品切れ］

No.21
分権時代の自治体経営
北良治・佐藤克廣・大久保尚孝
600円

No.22
地方分権推進委員会勧告と
これからの地方自治
西尾勝 500円

No.23
産業廃棄物と法
畠山武道 600円

No.25
自治体の施策原価と事業別予
算
小口進一 600円

No.26
地方分権と地方財政
横山純一 ［品切れ］

No.27
比較してみる地方自治
田口晃・山口二郎 600円

No.28
議会改革とまちづくり
森啓 400円

No.29
自治の課題とこれから
逢坂誠二 400円

No.30
内発的発展による地域産業の
振興
保母武彦 600円

No.31
地域の産業をどう育てるか
金井一頼 600円

No.32
金融改革と地方自治体
宮脇淳 600円

No.33
ローカルデモクラシーの統治
能力
山口二郎 400円

No.34
政策立案過程への「戦略計画」
手法の導入
佐藤克廣 500円

No.35
98サマーセミナーから
「変革の時」の自治を考える
神原昭子・磯田憲一・大和田建太郎
600円

No.36
地方自治のシステム改革
辻山幸宣 400円

No.37
分権時代の政策法務
礒崎初仁　600円

No.38
地方分権と法解釈の自治
兼子仁　400円

No.39
「近代」の構造転換と新しい「市民社会」への展望
今井弘道　500円

No.40
自治基本条例への展望
辻道雅宣　500円

No41
少子高齢社会と自治体の福祉法務
加藤良重　400円

No.42
改革の主体は現場にあり
山田孝夫　900円

No.43
自治と分権の政治学
鳴海正泰　1,100円

No.44
公共政策と住民参加
宮本憲一　1,100円

No.45
農業を基軸としたまちづくり
小林康雄　800円

No.46
これからの北海道農業とまちづくり
篠田久雄　800円

No.47
自治の中に自治を求めて
佐藤　守　1,000円

No.48
介護保険は何を変えるのか
池田省三　1,100円

No.49
介護保険と広域連合
大西幸雄　1,000円

No.50
自治体職員の政策水準
森啓　1,100円

No.51
分権型社会と条例づくり
篠原　一　1,000円

No.52
自治体における政策評価の課題
佐藤克廣　1,000円

No.53
小さな町の議員と自治体
室崎正之　900円

No.54
地方自治を実現するために法が果たすべきこと
木佐茂男　[未刊]

No.55
改正地方自治法とアカウンタビリティ
鈴木庸夫　1,200円

No.56
財政運営と公会計制度
宮脇淳　1,100円

No.57
自治体職員の意識改革を如何にして進めるか
林嘉男　1,000円

No.58
北海道の地域特性と道州制の展望
神原勝　[未刊]

No.59
環境自治体とISO
畠山武道　700円

No.60
転型期自治体の発想と手法
松下圭一　900円

No.61
分権の可能性
ースコットランドと北海道
山口二郎　600円

No.62
機能重視型政策の分析過程と財務情報
宮脇淳　800円

No.63
自治体の広域連携
佐藤克廣　900円

No.64
分権時代における地域経営
見野全　700円

No.65
町村合併は住民自治の区域の変更である。
森啓　800円

No.66
自治体学のすすめ
田村明　900円

No.67
市民・行政・議会のパートナーシップを目指して
松山哲男　700円

No68
アメリカン・デモクラシーと地方分権
古矢旬　[未刊]

No.69
新地方自治法と自治体の自立
井川博　900円

No.70
分権型社会の地方財政
神野直彦　1,000円

No.71
自然と共生した町づくり
宮崎県・綾町
森山喜代香　700円

No.72
情報共有と自治体改革
ニセコ町からの報告
片山健也　1,000円

No.73
地域民主主義の活性化と自治体改革
山口二郎　600円

No74
分権は市民への権限委譲
上原公子　1,000円

No.75
今、なぜ合併か
瀬戸亀男　800円

No.76
市町村合併をめぐる状況分析
小西砂千夫　800円

No.77
自治体の政策形成と法務システム
福士明　［未刊］

No.78
ポスト公共事業社会と自治体政策
五十嵐敬喜　800円

No79
男女共同参画社会と自治体政策
樋口恵子　［未刊］

No.80
自治体人事政策の改革
森啓　800円

No.81
自治体とＮＰＯとの関係
田口晃　［未刊］

No.82
地域通貨と地域自治
西部忠　［未刊］

No.83
北海道経済の戦略と戦術
宮脇淳　［未刊］

No.84
地域おこしを考える視点
矢作弘　700円

「地方自治ジャーナル」ブックレット

No.1
水戸芸術館の実験
森啓・横須賀徹 1,166円［品切れ］

No.2
政策課題研究の研修マニュアル
首都圏政策研究・研修研究会
1,359円

No.3
使い捨ての熱帯林
熱帯雨林保護法律家リーグ 971円

No.4
自治体職員世直し志士論
村瀬誠　971円

No.5
行政と企業は文化支援で何ができるか
日本文化行政研究会　1,166円

No.6
まちづくりの主人公は誰だ
浦野秀一・野本孝松・松村徹・
田中富雄　1,166円　［品切れ］

No.7
パブリックアート入門
竹田直樹　1,166円

No.8
市民的公共と自治
今井照　1,166円

No.9
ボランティアを始める前に
佐野章二　777円

No.10
自治体職員の能力
自治体職員能力研究会　971円

No.11
パブリックアートは幸せか
山岡義典　1,166円

No.12
市民がになう自治体公務
パートタイム公務員論研究会
1,359円

No.13
行政改革を考える
山梨学院大学行政研究センター
1,166円

No.14
上流文化圏からの挑戦
山梨学院大学行政研究センター
1,166円

No.15
市民自治と直接民主制
高寄昇三　951円

No.16
議会と議員立法
上田章・五十嵐敬喜　1,600円

No.17
分権段階の自治体と政策法務
松下圭一他　1,456円

No.18
地方分権と補助金改革
高寄昇三　1,200円

No.19
分権化時代の広域行政
山梨学院大学行政研究センター
1,200円

No.20
あなたのまちの学級編成と地方分権
田嶋義介　1,200円

No.21
自治体も倒産する
加藤良重　1,000円

No.22
ボランティア活動の進展と自治体の役割
山梨学院大学行政研究センター
1,200円

No.23
新版・2時間で学べる「介護保険」
加藤良重　800円

No.24
男女平等社会の実現と自治体の役割
山梨学院大学行政研究センター
1,200円

No.25
市民がつくる東京の環境・公害条例
市民案をつくる会　1,000円

No.26
東京都の「外形標準課税」はなぜ正当なのか
青木宗明・神田誠司　1,000円

No.27
少子高齢化社会における福祉のあり方
山梨学院大学行政研究センター
1,200円

No.28
財政再建団体
橋本行史　1,000円

No.29
交付税の解体と再編成
高寄昇三　1,000円

No30
町村議会の活性化
山梨学院大学行政研究センター
1,200円

No.31
地方分権と法定外税
外川伸一　800円

No.32
東京都銀行税判決と課税自主権
高寄昇三　1,200円

No.33
都市型社会と防衛論争
松下圭一　900円

朝日カルチャーセンター
地方自治講座ブックレット

No.1
自治体経営と政策評価
山本清　1,000円

No.2
ガバメント・ガバナンスと行政評価システム
星野芳昭　1,000円

No.3
三重県の事務事業評価システム
太田栄子　[未刊]

No.4
政策法務は地方自治の柱づくり
辻山幸宣　1,000円

No.5
分権時代における自治体づくりの法政策
北村喜宣　[未刊]

TAJIMI CITY
ブックレット

No.2
分権段階の総合計画づくり
松下圭一　400円（委託販売）

No.3
これからの行政活動と財政
西尾勝　1,000円

【お買い求めの方法について】

下記のいずれかの方法でお求め下さい。

（1） 出来るだけ、お近くの書店でお買い求め下さい。

（2） 小社に直接ご注文の場合は、電話・ＦＡＸ・ハガキ・Ｅメールでお申し込み下さい。
送料は実費をご負担いただきます。

112-0002　東京都文京区小石川 5-26-8
TEL 03-3811-5701　FAX 03-3811-5795
Eメール koujin@alpha.ocn.ne.jp　　（株）公人の友社　販売部